adeo

500

Illustrierter Grundwortschatz nach Sachgruppen

C.C. Buchner

adeo 500
Illustrierter Grundwortschatz nach Sachgruppen

Herausgegeben von Clement Utz und Andrea Kammerer

Bearbeitet und gezeichnet von Luise Rißmann und Eva von Scheven

1. Auflage, 1. Druck 2020

Alle Drucke dieser Auflage sind, weil untereinander unverändert, nebeneinander benutzbar.

Dieses Werk folgt der reformierten Rechtschreibung und Zeichensetzung. Ausnahmen bilden Texte, bei denen künstlerische, philologische oder lizenzrechtliche Gründe einer Änderung entgegenstehen.

Lektorat: Bernd Weber
Gestaltung: Petra Michel, Amberg
Druck: mgo360 GmbH & Co. KG, Bamberg

www.ccbuchner.de

ISBN 978-3-7661-5274-9

LIEBE SCHÜLERIN BZW. LIEBER SCHÜLER,

in diesem Heft findest du eine Zusammenstellung der 500 am häufigsten vorkommenden lateinischen Vokabeln. Wenn du diese Wörter kennst, wird dir das eine deutliche Hilfe bei der Übersetzung von Texten sein. Lerne bei den Wörtern alle Angaben mit, die dabei stehen: Denn in einem Text erscheinen die Wörter in der Regel nicht in ihrer Grundform, sondern in konjugierter oder deklinierter Form.

Lerne die Vokabeln immer mit allen Angaben:

sentīre, sentiō, sēnsī, sēnsum
rēx, *Gen.* rēgis *m*
māgnus, māgna, māgnum

Wie übersetze ich lateinische Vokabeln?

Beim Lernen der Vokabeln sollte dir klar sein, dass kaum ein Wort im Lateinischen genau das gleiche „heißt“ wie ein bestimmtes Wort im Deutschen – wir haben **keine Wortgleichungen** vor uns. Vielmehr „umschreibt“ eine Vokabel eine bestimmte Bedeutung.

Ein Beispiel: Im Deutschen meint „stark“ nicht nur die körperliche Kraft. Das Adjektiv bezeichnet auch: eine starke (≈ beeindruckende, tolle) Leistung, einen starken (≈ heftigen) Wind, starke (≈ leuchtende) Farben, ein Buch, das 400 Seiten stark (≈ dick) ist.

Je nach Sinnzusammenhang darfst du bei einer Übersetzung also auch von den gelernten deutschen Bedeutungen abweichen und eine ebenfalls passende – vielleicht sogar bessere – Formulierung wählen. So könnte das Adjektiv bonus, bona, bonum im Zusammenhang mit einem Essen (cēna bona) vielleicht treffender als „lecker“ übersetzt werden (cēna bona „ein leckeres Essen“).

Zur Erinnerung

Grundformen:

sentīre fühlen, meinen, wahrnehmen
rēx der König
māgnus groß

konjugierte Formen:

sentiō ich fühle
sentīs du fühlst
usw.

deklinierte Formen:

rēgis des Königs
rēgem māgnum den großen König
usw.

Wie viele Vokabeln soll ich wann lernen?

Lerne die Vokabeln am besten **regelmäßig** und in **kleinen Mengen**, z. B. fünf Wörter pro Tag. Am Abend vor einer Prüfungsarbeit 50 Vokabeln auf einmal lernen zu wollen, wird wenig Erfolg haben.

Was sind das für Striche über den Vokabeln?

Bei manchen Vokabeln findest du **Striche** über bestimmten Vokalen: z. B. bei venīre „kommen". Diese Striche gehören nicht zum eigentlichen Schriftbild des Lateinischen; es sind Lernhilfen, die dir anzeigen, dass du die entsprechenden Vokale (also a, e, i, o oder u) lang aussprechen musst. Die anderen sprichst du kurz aus.

ā wie in H**a**se	a wie in n**a**ss
ē wie in B**ee**t	e wie in B**e**tt
ī wie in W**ie**se	i wie in W**i**nd
ō wie in M**oo**s	o wie in v**o**n
ū wie in K**uh**	u wie in N**u**ss

Oh, dort gibt es Bilder!

Beim Durchblättern dieses Grundwortschatzes findest du zwischen der lateinischen Vokabel und ihrer deutschen Bedeutung eine große Spalte in der Mitte. In dieser Spalte gibt es ein **Bild**, das dir die Vokabelbedeutung verdeutlichen soll und eine Unterstützung beim Lernen ist.

Daneben ist noch Platz für **deine eigene Lernhilfe**, mit der du dir die Vokabel besser merken kannst. Lernhilfen sind dann die größte Hilfe, wenn du sie dir selbst ausgedacht, selbst aufgeschrieben oder selbst gezeichnet hast! Falls du eine andere Muttersprache als Deutsch hast, könntest du dir die Vokabelbedeutung vielleicht in deiner eigenen Muttersprache notieren.

dolor	dolōris *m*	 *Dolores Umbridge, eine Lehrerin in Hogwarts, verursacht den Kindern Schmerzen.*	der Schmerz das Leid
movēre	mōvī mōtum	 *engl. to move*	bewegen

Viel Erfolg und auch ein wenig Spaß beim Lernen der Vokabeln!

Legende

Genus		**Geschlecht**
m	maskulin	männlich
f	feminin	weiblich
n	neutrum	sächlich
Kasus		**Fall**
Nom.	Nominativ	Wer oder was?
Gen.	Genitiv	Wessen?
Dat.	Dativ	Wem? Für wen?
Akk.	Akkusativ	Wen oder was?
Abl.	Ablativ	z. B. Womit? Wodurch? Wann? Wo?
Numerus		**Anzahl**
Sg.	Singular	Einzahl
Pl.	Plural	Mehrzahl
Wortarten		
Adv.	Adverb	Umstandswort
Subj.	Subjunktion	unterordnendes Bindewort
Präp.	Präposition	Verhältniswort
Adj. / adj.	Adjektiv / adjektivisch	Eigenschaftswort
Subst. / subst.	Substantiv / substantivisch	Haupt- oder Namenwort
indekl.	indeklinabel	unveränderlich
Tempora		**Zeiten**
Präs.	Präsens	Gegenwart
Perf.	Perfekt	2. Vergangenheit
Modus		**Aussageweise**
Ind.	Indikativ	Wirklichkeitsform
Konj.	Konjunktiv	Möglichkeitsform
Syntax		**Satzbau**
AcI	Accusativus cum Infinitivo	Akkusativ mit Infinitiv
Inf.	Infinitiv	Grundform des Verbs
m. dopp. Akk.	mit doppeltem Akkusativ	

1 HERZ UND VERSTAND

caput	capitis *n*	der Kopf die Hauptstadt
vultus	vultūs *m*	das Gesicht der Gesichtsausdruck
oculus	oculī *m*	das Auge
lacrima	lacrimae *f*	die Träne
vidēre	videō vīdī vīsum	sehen darauf achten
vidērī	videor vīsus sum	scheinen gelten als

audīre	audiō audīvī audītum		hören
sentīre	sentiō sēnsī sēnsum	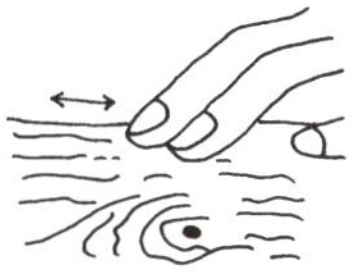	fühlen wahrnehmen meinen
bonus	bona bonum bene *Adv.*		gut
pulcher	pulchra pulchrum		schön
dīgnus	dīgna dīgnum	 URKUNDE	würdig wert
gravis	gravis grave		bedeutend angesehen schwer
amor	amōris *m*		die Liebe

amāre	amō amāvī amātum		lieben
placēre	placeō placuī placitum *m. Dat.*		(jdm.) gefallen beschließen
spēs	speī *f*		die Hoffnung die Erwartung
ingenium	ingeniī *n*		das Talent die Begabung
cūra	cūrae *f*		die Sorge die Pflege
metus	metūs *m*		die Angst die Furcht
timēre	timeō timuī		fürchten Angst haben vor

malum	malī *n*	 das Übel das Leid das Unglück
malus	mala malum male *Adv.*	 schlecht schlimm
dolor	dolōris *m*	 der Schmerz das Leid
miser	misera miserum	 arm erbärmlich unglücklich
invidia	invidiae *f*	 der Neid der Hass
petere	petō petīvī petītum	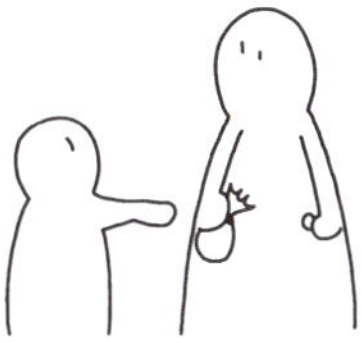 bitten verlangen (auf)suchen (er)streben
cupere	cupiō cupīvī cupītum	 wünschen verlangen haben wollen

velle	volō voluī	 wollen
nōlle	nōlō nōluī	 nicht wollen
animus	animī *m*	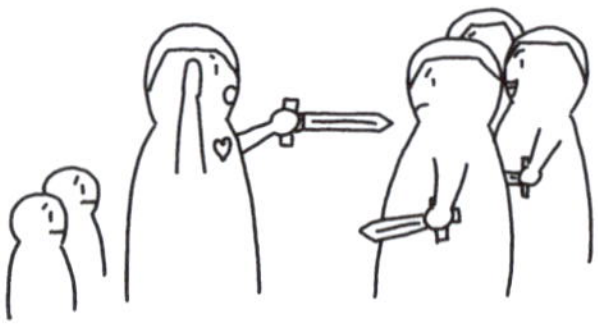 der Geist die Gesinnung der Mut
ratiō	ratiōnis *f*	 der Grund die Vernunft die Überlegung die Art und Weise die Berechnung
mēns	mentis *f* *Gen. Pl.* -ium	 der Geist der Sinn der Verstand die Meinung
memoria	memoriae *f*	 die Erinnerung das Gedächtnis die Zeit
sentīre	sentiō sēnsī sēnsum	 meinen fühlen wahrnehmen

sententia	sententiae *f*	die Meinung der Satz der Sinn der Antrag (im Senat)
crēdere	crēdō crēdidī crēditum	glauben anvertrauen
putāre	putō putāvī putātum	glauben meinen
	m. dopp. Akk.	halten für
exīstimāre	exīstimō exīstimāvī exīstimātum	meinen einschätzen
arbitrārī	arbitror arbitrātus sum	glauben meinen
intellegere	intellegō intellēxī intellēctum	merken bemerken verstehen
dubitāre	dubitō dubitāvī dubitātum *m. Inf.*	zweifeln zögern

scīre	sciō scīvī / sciī scītum	kennen wissen verstehen
nescīre	nesciō nescīvī / nesciī	nicht wissen nicht kennen
cōgnōscere	cōgnōscō cōgnōvī cōgnitum	erkennen kennenlernen
nōscere	nōscō nōvī nōtum	erkennen kennenlernen
nōvisse	nōvī *Perf.*	kennen wissen
iūdicāre	iūdicō iūdicāvī iūdicātum	urteilen beurteilen

2 ICH UND DU

nōmen	nōminis *n*	PVBLIVS	der Name
egō	mihī *Dat.* mē *Akk.* mē(cum) *Abl.*		ich mir mich (mit) mir
tū	tibī *Dat.* tē *Akk.* tē(cum) *Abl.*		du dir dich (mit) dir
is	ea id eius *Gen* eī *Dat.*		er, sie, es dieser, diese, dieses
sēcum	= cum sē		mit sich bei sich
nōs	nōbīs *Dat.* nōs *Akk.* nōbīs(cum) *Abl.*		wir uns uns (mit) uns

vōs	vōbīs *Dat.* vōs *Akk.* vōbīs(cum) *Abl.*		ihr euch euch (mit) euch
alter	altera alterum alterīus *Gen.* alterī *Dat.*	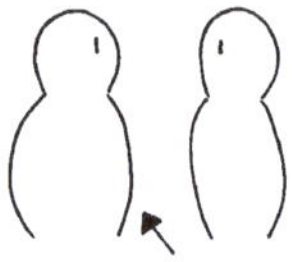	der (die, das) eine der andere (von zweien)
alius	alia aliu<u>d</u> alterīus *Gen.* alterī *Dat.*	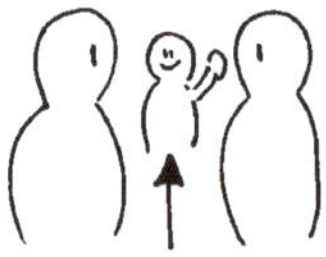	ein anderer eine andere ein anderes
quis? **quid?**			wer? was?
aliquis	aliquis aliquid	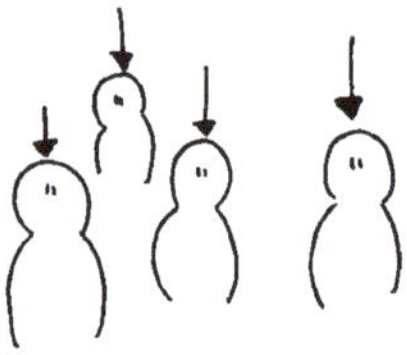	(irgend)jemand (irgend)etwas
quī	quae quod		der, die, das welcher, welche, welches
hic	haec hoc huius *Gen.* huic *Dat.*	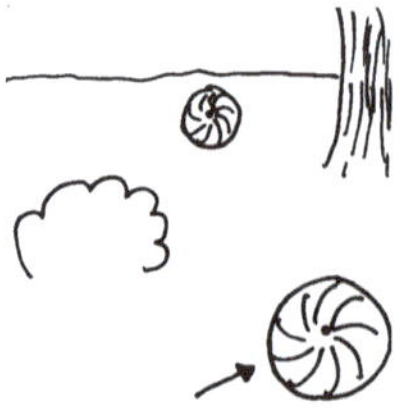	dieser diese dieses (hier)

ille	illa illud illīus *Gen.* illī *Dat.*		jener jene jenes
iste	ista istud istīus *Gen.* istī *Dat.*		dieser (da) diese (da) dieses (da)
īdem	eadem idem		derselbe dieselbe dasselbe der (die, das) gleiche
ipse	ipsa ipsum		(er, sie, es) selbst persönlich gerade sogar
quisque	quidque *subst.*		jeder jede jedes
quisque	quaeque quodque *adj.*		jeder jede jedes
uterque	utraque utrumque	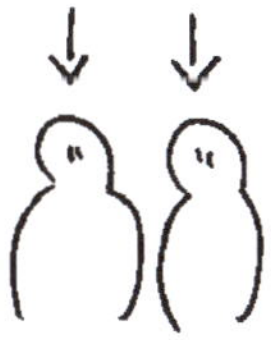	beide jeder (von zweien)

quisquam	quaequam quidquam (quicquam)		irgendjemand irgendetwas
quīdam	quaedam quoddam		ein gewisser (irgend)einer *Pl.* einige
plērīque	plēraeque plēraque	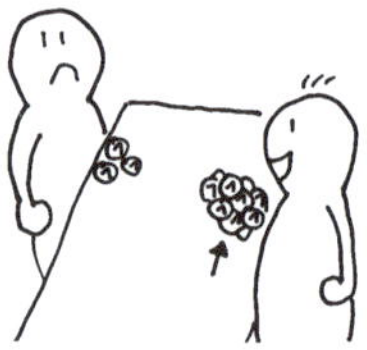	die meisten sehr viele
cēterī	cēterae cētera		die übrigen
paucī	paucae pauca	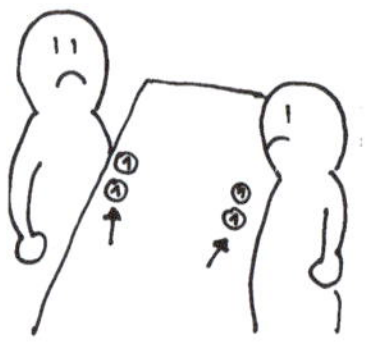	wenige
sōlus	sōla sōlum sōlīus *Gen.* sōlī *Dat.*		allein einzig
ūnus	ūna ūnum ūnīus *Gen.* ūnī *Dat.*	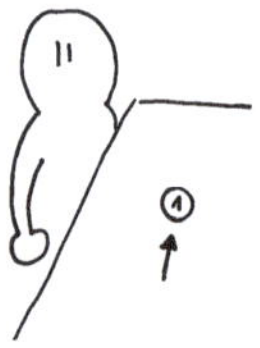	ein(er) eine ein(es) ein einziger

nūllus	nūlla nūllum nūllīus *Gen.* nūllī *Dat.*		kein(er) keine kein(es)
nēmō	nēminis / nūllīus *Gen.* nūllī *Dat.*		niemand
meus	mea meum	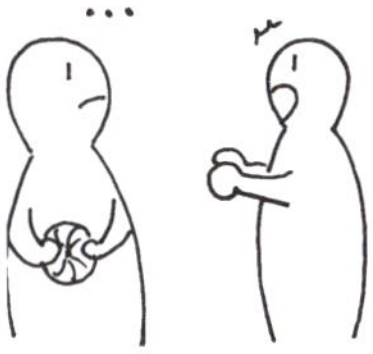	mein meine
tuus	tua tuum		dein deine
suus	sua suum		sein ihr
noster	nostra nostrum		unser
vester	vestra vestrum		euer

3 SAGEN, RUFEN, FRAGEN

ōs	ōris *n*	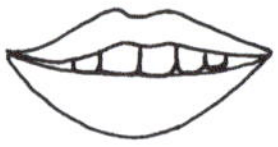	der Mund das Gesicht
ōrāre	ōrō ōrāvī ōrātum		bitten beten
ōrātiō	ōrātiōnis *f*		die Rede
vōx	vōcis *f*	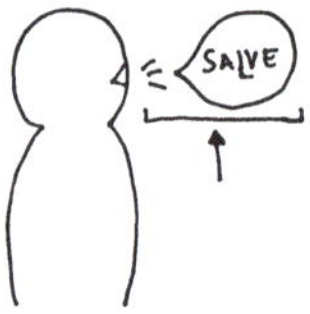 SALVE	die Stimme die Äußerung der Laut
verbum	verbī *n*	 MVNDVS	das Wort die Äußerung
sententia	sententiae *f*	 Cicero ist klug.	die Meinung der Sinn der Satz der Antrag (im Senat)

fāma	fāmae *f*	der (gute) Ruf der (schlechte) Ruf das Gerücht
laus	laudis *f*	das Lob der Ruhm
laudāre	laudō laudāvī laudātum	loben
dīcere	dīcō dīxī dictum	sagen sprechen
	m. dopp. Akk.	(be)nennen
loquī	loquor locūtus sum	reden sprechen
vocāre	vocō vocāvī vocātum	nennen benennen rufen
appellāre	appellō appellāvī appellātum	anrufen
	m. dopp. Akk.	nennen

ostendere	ostendō ostendī ostentum	zeigen erklären
nūntiāre	nūntiō nūntiāvī nūntiātum	melden
referre	referō rettulī relātum	berichten zurückbringen
statuere	statuō statuī statūtum	beschließen festsetzen aufstellen
contendere	contendō contendī	behaupten eilen sich anstrengen kämpfen
negāre	negō negavī negātum	leugnen verneinen verweigern
quaerere	quaerō quaesīvī quaesītum	suchen erwerben wollen
	ex / dē *m. Abl.*	(jdn.) fragen

querī	queror questus sum *m. Akk.*		sich beklagen (über)
pōstulāre	pōstulō pōstulāvī pōstulātum		fordern
petere	petō petīvī petītum	 	bitten verlangen (auf)suchen (er)streben
imperāre	imperō imperāvī imperātum *m. Dat.*	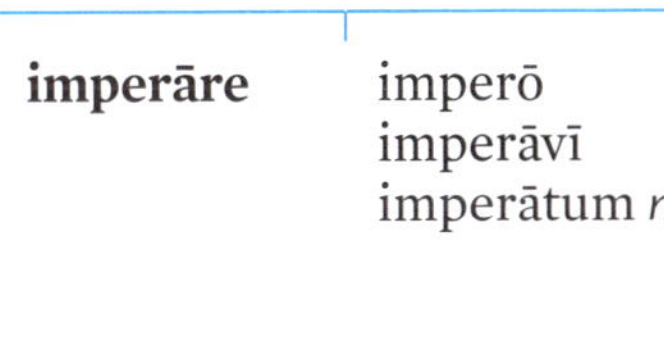 	befehlen herrschen (über)
iubēre	iubeō iussī iussum *m. Akk.*	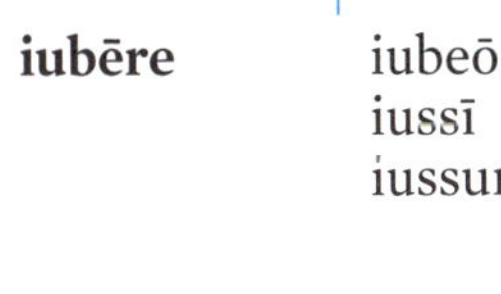	(jdm. etw.) befehlen anordnen
pollicērī	polliceor pollicitus sum	 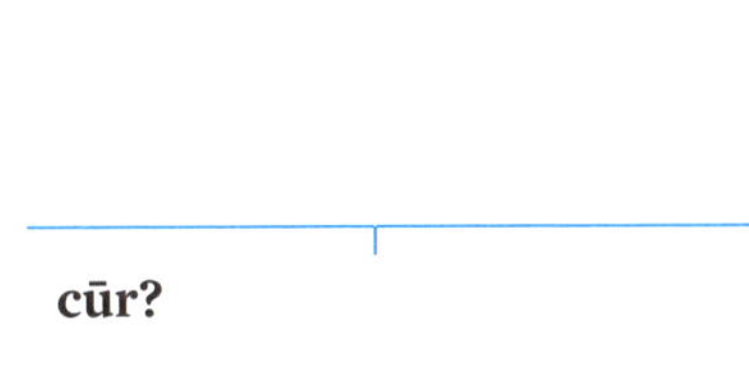	(jdm. etw.) versprechen
cūr?			warum?

rogāre	rogō rogāvī rogātum	fragen bitten
respondēre	respondeō respondī respōnsum	antworten
inquam	inquit *3. Pers. Sg.*	sag(t)e ich
āiō	ait *3. Pers. Sg.* aiunt *3. Pers. Pl.*	behaupte(te) ich sag(t)e ich
-ne	*im direkten Fragesatz*	*zeigt die Frage an und wird nicht übersetzt*
	im indirekten Fragesatz	ob
num	*im direkten Fragesatz*	etwa?
	im indirekten Fragesatz	ob
an	*im direkten Fragesatz*	oder (etwa)
	im indirekten Fragesatz	ob (nicht)

4 HIN UND HER

movēre	moveō mōvī mōtum	 bewegen
stāre	stō stetī statum	 stehen
īre	eō iī itum	 gehen
abīre	abeō abiī abitum	 weggehen
adīre	adeō adiī aditum	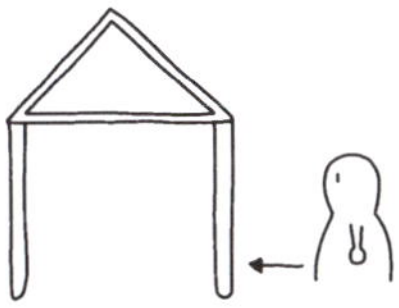 herantreten (an) bitten
redīre	redeō rediī reditum	 zurückgehen zurückkehren

trānsīre	trānseō trānsiī trānsitum		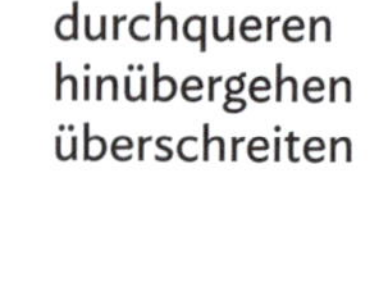durchqueren hinübergehen überschreiten
venīre	veniō vēnī ventum		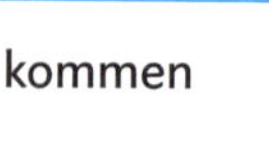kommen
adventus	adventūs *m* 		die Ankunft
convenīre	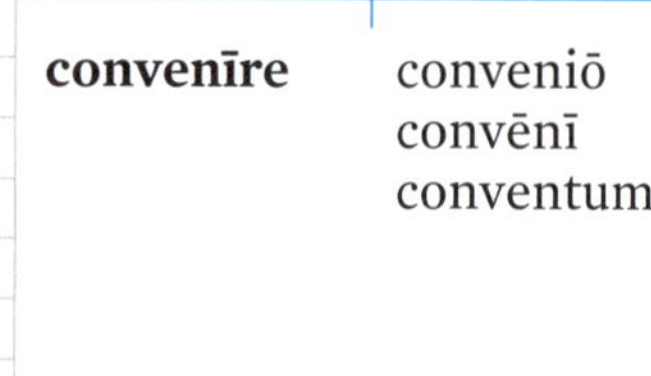conveniō convēnī conventum		besuchen zusammenkommen zusammenpassen
pervenīre	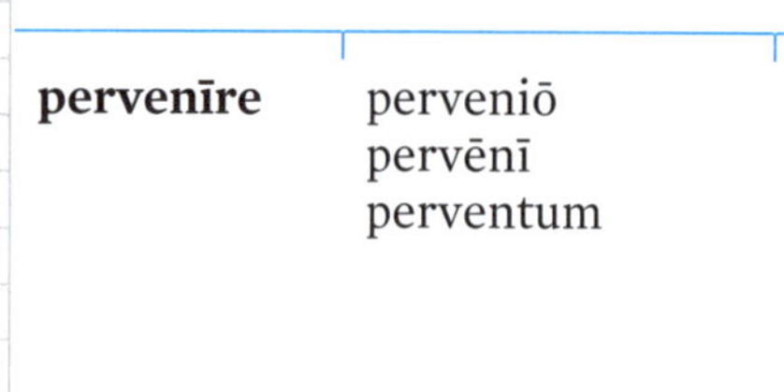perveniō pervēnī perventum		kommen zu / nach
accēdere	accēdō accessī accessum		herbeikommen hinzukommen
discēdere	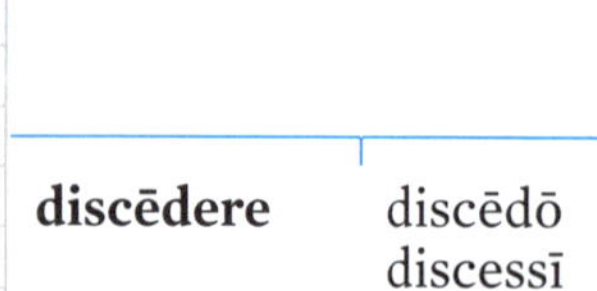discēdō discessī discessum		weggehen auseinandergehen

dūcere	dūcō dūxī ductum		führen ziehen
	m. dopp. Akk.		halten für
addūcere	addūcō addūxī adductum		heranführen veranlassen
ferre	ferō tulī lātum		bringen tragen ertragen
afferre	afferō attulī allātum		bringen herbeibringen mitbringen melden
auferre	auferō abstulī ablatum		rauben wegbringen
cōnferre	cōnferō contulī collātum		vergleichen zusammentragen
īnferre 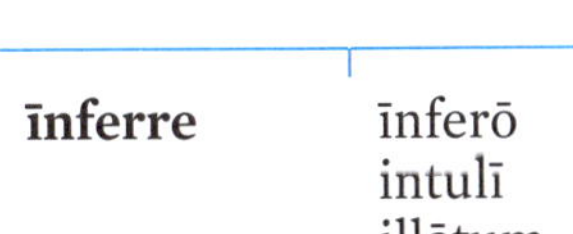	īnferō intulī illātum	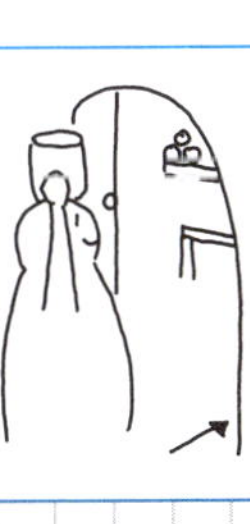	hineintragen zufügen

referre	referō rettulī relātum		zurückbringen berichten
capere	capiō cēpī captum		fassen nehmen erobern
dare	dō dedī datum		geben
reddere	reddō reddidī redditum *m. dopp. Akk.*		zurückgeben etw. zukommen lassen jdn. zu etw. machen
accipere	accipiō accēpī acceptum		annehmen erhalten erfahren
recipere	recipiō recēpī receptum	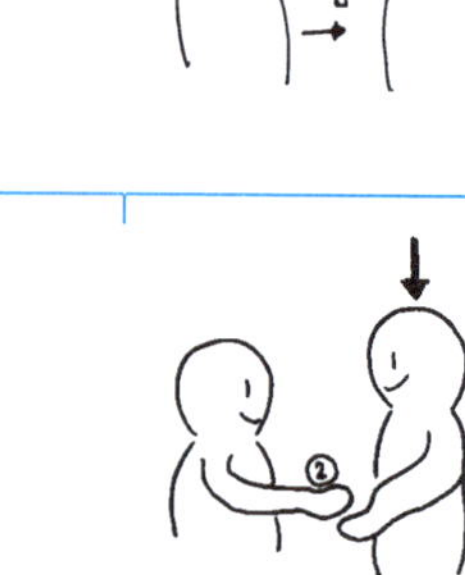	aufnehmen wiederbekommen zurücknehmen
trādere	trādō trādidī trāditum	 	übergeben überliefern

mittere	mittō mīsī missum		schicken werfen
sequī	sequor secūtus sum *m. Akk.*		(jdm.) folgen
tollere	tollō sustulī sublātum		aufheben in die Höhe heben wegnehmen
gerere	gerō gessī gestum		tragen führen ausführen
pōnere	pōnō posuī positum		(auf)stellen (hin)legen setzen
sūmere	sūmō sūmpsī sūmptum		nehmen
trahere	trahō trāxī tractum		ziehen schleppen

iter	itineris *n*	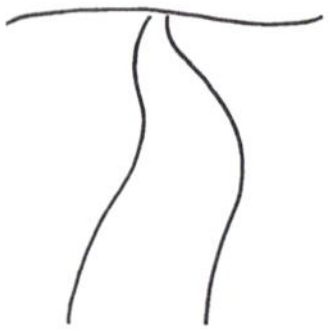 der Weg die Reise der Marsch
proficīscī	proficīscor profectus sum	 reisen abreisen aufbrechen
relinquere	relinquō relīquī relictum	 verlassen zurücklassen unbeachtet lassen
contendere	contendō contendī	 eilen sich anstrengen kämpfen behaupten
celer	celeris celere	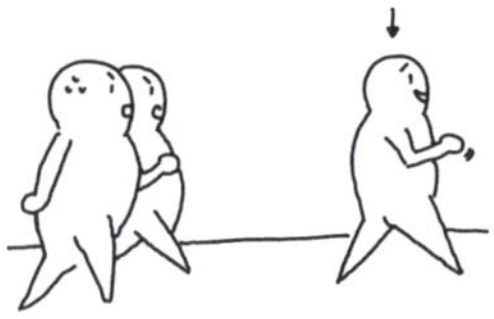 schnell

5 FAMILIE UND GESELLSCHAFT

homō	hominis *m*		der Mensch
parēns **parentēs**	parentis *m f* parentium *m Pl.*	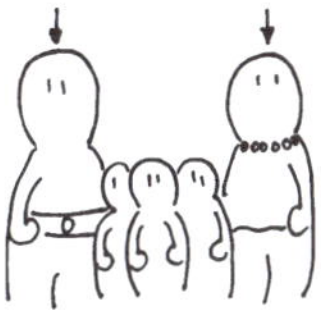	der Vater die Mutter die Eltern
pater	patris *m*		der Vater
māter	mātris *f*		die Mutter
senex	senis *m*		der Greis der alte Mann
vetus	vetus vetus veteris *Gen.*		alt

frāter	frātris *m*		der Bruder
līberī	līberōrum *m Pl.*		die Kinder
puer	puerī *m*		der Junge
puella	puellae *f*		das Mädchen
fīlius	fīliī *m*		der Sohn
fīlia	fīliae *f*		die Tochter
māiōrēs	māiōrum *m Pl.*		die Vorfahren die Ahnen
vir	virī *m*		der Mann
virgō	virginis *f*	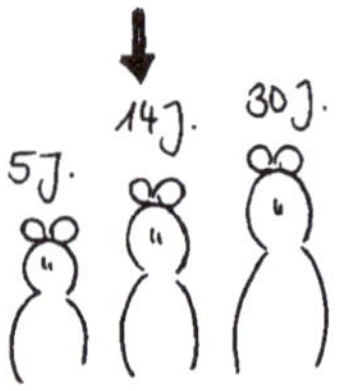 5J. 14J. 30J.	das Mädchen die junge Frau die Jungfrau

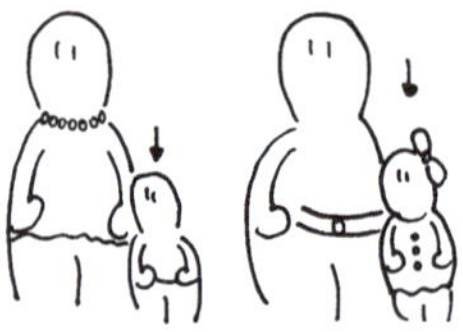

mulier	mulieris *f*	 die Frau
coniūnx	coniugis *m f*	 der Ehemann die Ehefrau
uxor	uxōris *f*	 die Ehefrau
dominus	dominī *m*	 der Herr der Hausherr
domina	dominae *f*	die Herrin die Hausherrin
servus	servī *m*	 der Sklave der Diener
serva	servae *f*	die Sklavin die Dienerin
līber	lībera līberum	 frei
lībertās	lībertātis *f*	 die Freiheit

pār	pār pār paris *Gen.*	gleich ebenbürtig
ōrdō	ōrdinis *m*	der Stand die Reihe die Ordnung
amīcus **amīca**	amīcī *m* amīcae *f*	der Freund die Freundin
amīcitia	amīcitiae *f*	die Freundschaft
cīvitās	cīvitātis *f*	die Gemeinde der Staat das Bürgerrecht
populus	populī *m*	das Volk
urbs	urbis *f* *Gen. Pl.* -ium	die Stadt die Hauptstadt *Gemeint ist meist Rom.*

oppidum	oppidī *n*	 die Stadt
moenia	moenium *n Pl.*	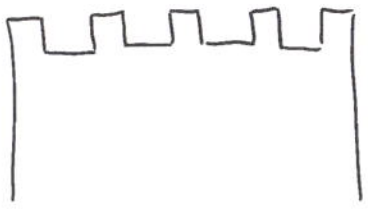 die Mauern die Stadtmauern
gēns	gentis *f* *Gen. Pl.* -ium	 der Stamm das Volk die Familie
barbarus	barbara barbarum	 ausländisch unzivilisiert
barbarus	barbarī *m*	der Barbar
nōbilis	nōbilis nōbile	 adelig berühmt vornehm
gravis	gravis grave	 bedeutend angesehen schwer
commūnis	commūnis commune	gemeinsam allgemein

mōs	mōris *m*	die Sitte der Brauch
mōrēs	mōrum *m Pl.*	der Charakter
virtūs	virtūtis *f*	die Tapferkeit die Tüchtigkeit die Vortrefflichkeit die Leistung
virtūtēs	virtūtum *f Pl.*	die guten Eigenschaften die Verdienste
auctōritās	auctōritātis *f*	das Ansehen der Einfluss die Macht
fidēs	fideī *f*	das Vertrauen die Treue die Zuverlässigkeit der Glaube
officium	officiī *n*	der Dienst die Pflicht das Pflichtgefühl

committere	committō commīsī commissum	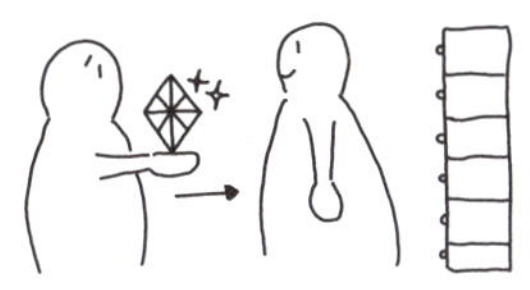	anvertrauen veranstalten zustande bringen
ops	opis *f*		die Hilfe die Kraft
opēs	opum *f Pl.*		die Macht die Mittel der Reichtum

6 ALLE TAGE WIEDER

domus	domūs *f*	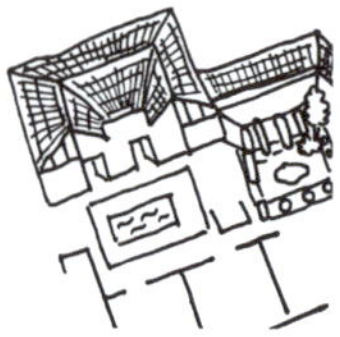	das Haus
aedēs	aedium *f Pl.*	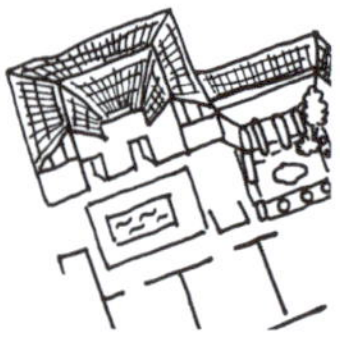	das Haus
ager	agrī *m*	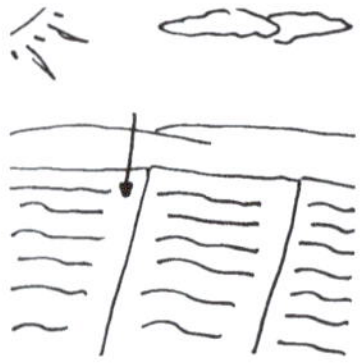	der Acker das Feld das Gebiet
agere	agō ēgī āctum		handeln treiben verhandeln
occupātus	occupāta occupātum		beschäftigt (mit)
abesse	absum āfuī	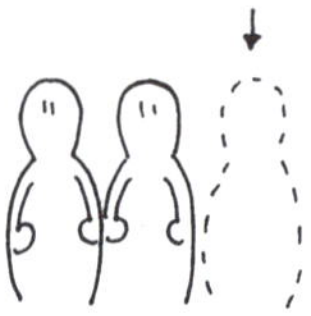	abwesend sein fehlen

adesse	adsum adfuī	da sein
	m. Dat.	helfen
accidere	accidō accidī	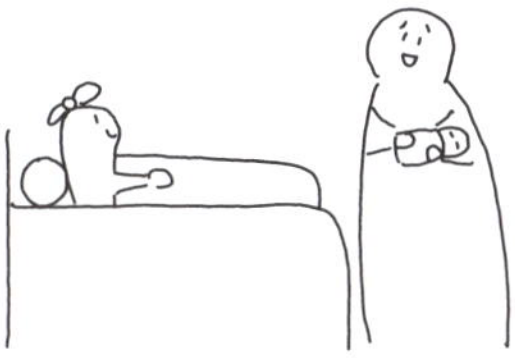 geschehen sich ereignen
solēre	soleō solitus sum	 gewohnt sein gewöhnlich etw. tun
parāre	parō parāvī parātum	bereiten vorbereiten vorhaben
		erwerben
committere	committō commīsī commissum	anvertrauen
		veranstalten zustande bringen
ūsus	ūsūs *m*	 der Nutzen die Benutzung
ūtī	ūtor ūsus sum *m. Abl.*	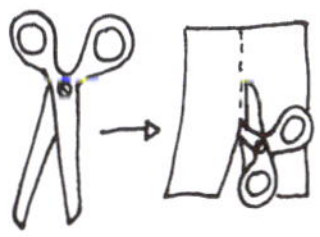 benutzen gebrauchen

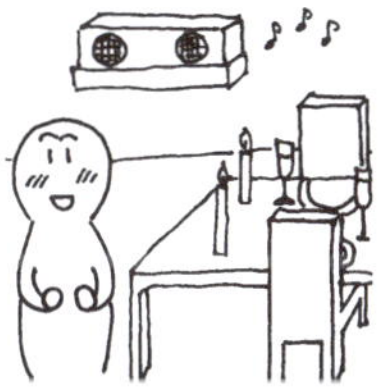

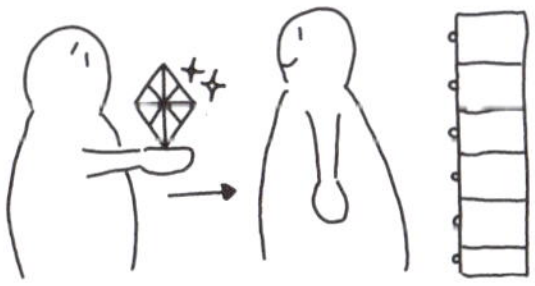

rēs	reī *f*	 die Sache das Ding die Angelegenheit
invenīre	inveniō invēnī inventum	 finden erfinden
reperīre	reperiō repperī repertum	 finden wiederfinden
pecūnia	pecūniae *f*	 das Geld das Vermögen
aurum	aurī *n*	 das Gold
habēre	habeō habuī habitum *m. dopp. Akk.*	 haben halten halten für
tenēre	teneō tenuī tentum	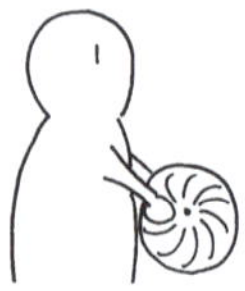 halten festhalten besitzen

emere	emō ēmī ēmptum	kaufen
solvere	solvō solvī solūtum	lösen auflösen bezahlen
servāre	servō servāvī servātum (ā *m. Abl.*)	retten (vor) bewahren (vor)
āmittere	āmittō āmīsī āmissum	verlieren
dēbēre	dēbeō dēbuī	müssen sollen schulden
manēre	maneō mānsī mānsūrum *m. Akk.*	bleiben warten
posse	possum potuī	können

facere	faciō fēcī factum	 machen tun handeln
factum	factī *n*	 die Handlung die Tat die Tatsache
opus	operis *n*	 die Arbeit das Werk
labor	labōris *m*	 die Arbeit die Anstrengung
opera	operae *f*	 die Arbeit die Mühe
officium	officiī *n*	 der Dienst die Pflicht das Pflichtgefühl
oportet	oportuit	 es gehört sich es ist nötig

causa	causae *f*	 die Sache die Ursache der Prozess
causā	*m. Gen. nachgestellt*	 wegen
patī	patior passus sum	 leiden erleiden ertragen zulassen
sustinēre	sustineō sustinuī	 ertragen (einer Sache) stand- halten
studium	studiī *n*	 die Beschäftigung das Interesse das Engagement
grātia	grātiae *f*	 der Dank die Gefälligkeit das Ansehen die Beliebtheit

7 NATUR UND MENSCH

nātūra	nātūrae *f*	die Natur das Wesen die Beschaffenheit
nāscī	nāscor nātus sum	entstehen geboren werden
orīrī	orior ortus sum	entstehen sich erheben
corpus	corporis *n*	der Körper der Leichnam
animus	animī *m*	der Geist die Gesinnung der Mut
pectus	pectoris *n*	die Brust das Herz

manus	manūs *f*	 die Hand die Schar / Gruppe (von Bewaffneten)
pēs	pedis *m*	 der Fuß
sanguis	sanguinis *m*	 das Blut
esse	sum fuī	 sein sich befinden
fierī	fīō factus sum	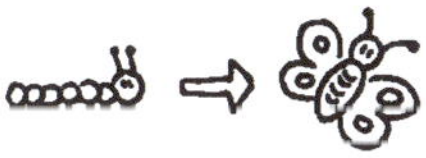 gemacht werden geschehen werden
vīta	vītae *f*	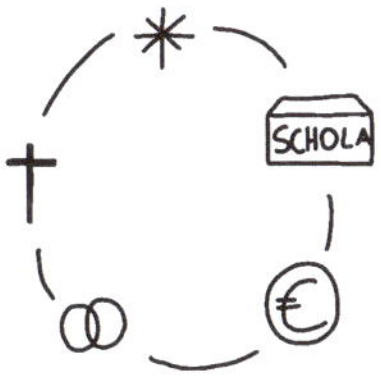 das Leben die Lebensweise
vīvere	vīvō vīxī vīctūrum	 leben

valēre	valeō valuī		gesund sein Einfluss haben stark sein
mors	mortis *f*	 PLVTO	der Tod
morī	morior mortuus sum		sterben
perīre	pereō periī peritūrum		umkommen zugrunde gehen sterben
interficere	interficiō interfēcī interfectum	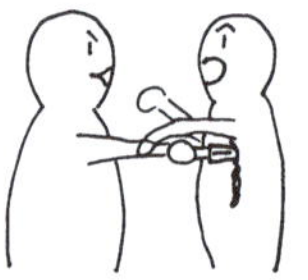	töten vernichten
caelum	caelī *n*		der Himmel
lūx	lūcis *f*		das Licht das Tageslicht

clārus	clāra clārum	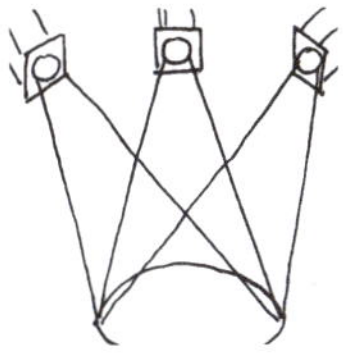 hell klar berühmt
sōl	sōlis *m*	 die Sonne
terra	terrae *f*	 das Land die Erde
regiō	regiōnis *f*	 das Gebiet die Gegend die Richtung
orbis	orbis *m*	 der Kreis der Kreislauf die Welt der Erdkreis
locus	locī *m*	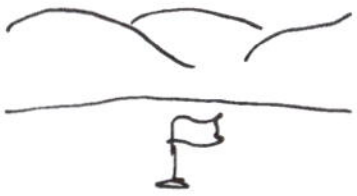 der Ort der Platz die Stelle
loca	locōrum *n Pl.*	 das Gebiet

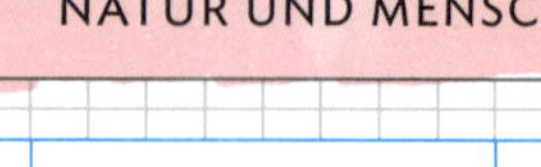

via	viae *f*		die Straße der Weg
ager	agrī *m*	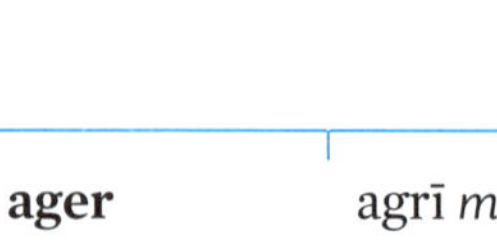 	der Acker das Feld das Gebiet
frūmentum	frūmentī *n*	 	das Getreide
colere	colō coluī cultum	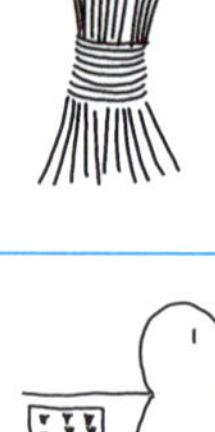	pflegen bewirtschaften verehren
mōns	montis *m* *Gen. Pl.* -ium	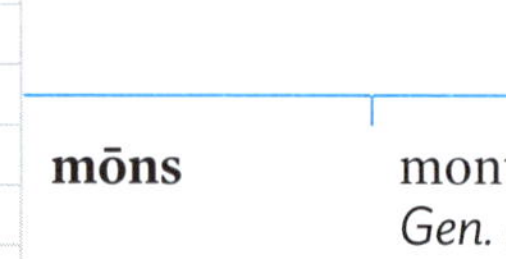 	der Berg
ignis	ignis *m*	 	das Feuer
ventus	ventī *m*		der Wind

aqua	aquae *f*	 das Wasser
flūmen	flūminis *n*	 der Fluss
mare	maris *n* -ī *Abl. Sg.* -ia *Nom./Akk. Pl.* -ium *Gen. Pl.*	 das Meer
lītus	lītoris *n*	 die Küste der Strand
silva	silvae *f*	 der Wald
genus	generis *n*	 das Geschlecht die Art die Abstammung
equus	equī *m*	 das Pferd

8 KULT UND KULTUR

littera	litterae *f*	der Buchstabe
litterae	litterārum *f Pl.*	der Brief die Literatur die Wissenschaft
scrībere	scrībō scrīpsī scrīptum	schreiben beschreiben
legere	legō lēgī lēctum	lesen auswählen
liber	librī *m*	das Buch
memoria	memoriae *f*	die Erinnerung das Gedächtnis die Zeit

studium	studiī *n*	die Beschäftigung das Interesse das Engagement
exemplum	exemplī *n*	das Beispiel das Vorbild
rēctus	rēcta rēctum	richtig zu Recht
		geradeaus
	rēctē *Adv.*	richtig, recht, gerade
deus	deī *m*	der Gott die Gottheit
dea	deae *f*	die Göttin
superī	superōrum *m Pl.*	die Götter
religiō	religiōnis *f*	der Glaube die (Gottes-)Verehrung die Frömmigkeit
		die Gewissenhaftigkeit
fidēs	fideī *f*	der Glaube
		das Vertrauen die Treue die Zuverlässigkeit

crēdere	crēdō crēdidī crēditum	glauben anvertrauen
ōrāre	ōrō ōrāvī ōrātum	beten bitten
templum	templī *n*	der Tempel der heilige Ort
aedis	aedis *f* *Gen. Pl.* -ium	der Tempel
fātum	fātī *n*	das Schicksal der Götterspruch
fortūna	fortūnae *f*	das Glück das Schicksal
cāsus	cāsūs *m*	der Fall der Zufall

9 STAAT UND POLITIK

populus	populī *m*	 das Volk
cīvis	cīvis *m* *Gen. Pl.* -ium	 der Bürger
cīvitās	cīvitātis *f*	 die Gemeinde der Staat das Bürgerrecht
rēs pūblica	rēi pūblicae *f*	 der Staat
pūblicus	pūblica pūblicum	 öffentlich staatlich
caput	capitis *n*	 die Hauptstadt der Kopf

prōvincia	prōvinciae *f*	die Provinz
fīnis	fīnis *m* *Gen. Pl.* -ium	das Ende die Grenze das Ziel der Zweck
fīnēs	fīnium *m Pl.*	das Gebiet
rēgnum	rēgnī *n*	die Herrschaft die Königsherrschaft das Reich
rēx	rēgis *m*	der König
senātus	senātūs *m*	der Senat die Senatsversammlung
cōnsul	cōnsulis *m*	der Konsul

praetor	praetōris *m*	der Prätor
prīnceps	prīncipis *m*	der erste der führende Mann
virtūs	virtūtis *f*	die Tapferkeit die Tüchtigkeit die Vortrefflichkeit die Leistung
virtūtēs	virtūtum *f Pl.*	die guten Eigenschaften die Verdienste
posse	possum potuī	können
potestās	potestātis *f*	die Macht die (Amts-)Gewalt die Möglichkeit
auctōritās	auctōritātis *f*	das Ansehen der Einfluss die Macht

imperium	imperiī *n*	der Befehl die Befehlsgewalt die Herrschaft das Herrschaftsgebiet
imperātor	imperātōris *m*	der Befehlshaber der Feldherr der Kaiser
imperāre	imperō imperāvī imperātum *m. Dat.*	befehlen herrschen (über)
iubēre	iubeō iussī iussum *m. Akk.*	befehlen anordnen
cōnstituere	cōnstituō cōnstituī cōnstitūtum	festsetzen beschließen
cōnsilium	cōnsiliī *n*	der Plan der Rat der Beschluss die Beratung
sententia	sententiae *f*	der Antrag (im Senat) die Meinung der Sinn der Satz

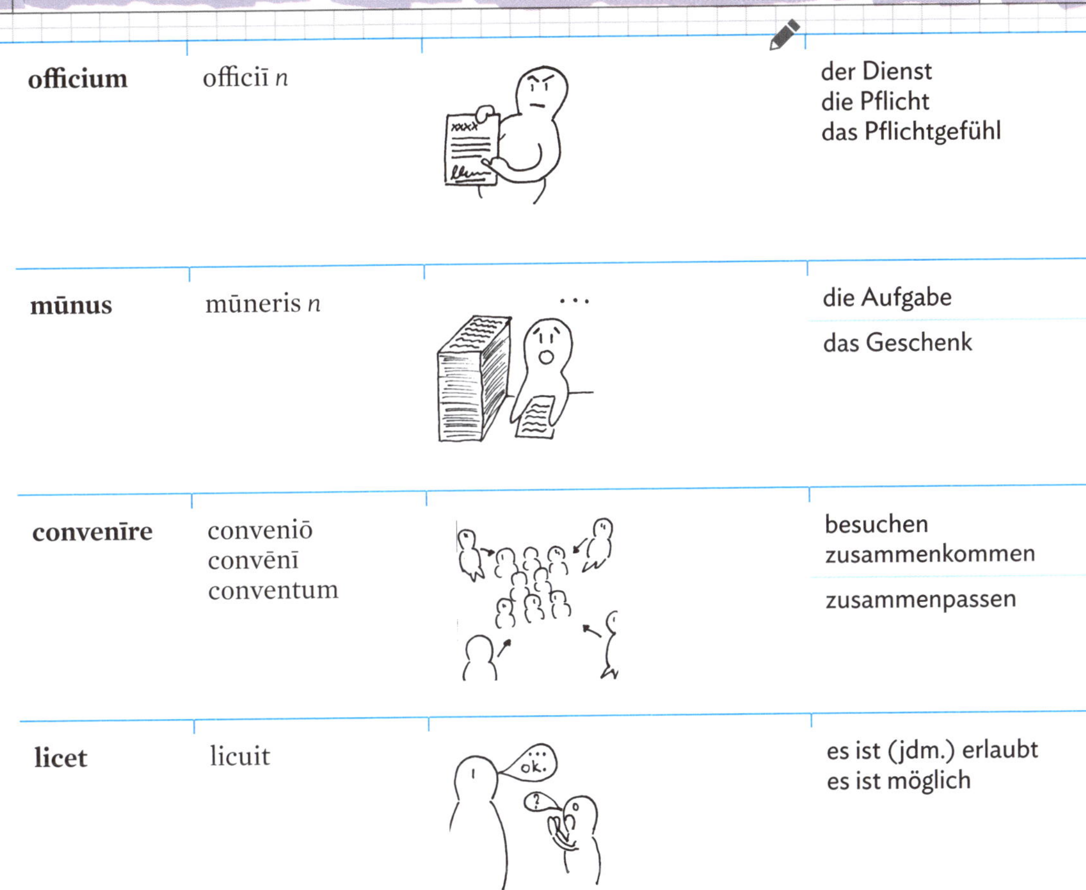

officium	officiī *n*	der Dienst die Pflicht das Pflichtgefühl
mūnus	mūneris *n*	die Aufgabe das Geschenk
convenīre	conveniō convēnī conventum	besuchen zusammenkommen zusammenpassen
licet	licuit	es ist (jdm.) erlaubt es ist möglich

10 RECHT UND GESETZ

iūs	iūris *n*	 das Recht
iūdicium	iūdiciī *n*	 das Urteil das Gericht
iūdex	iūdicis *m*	 der Richter
iūdicāre	iūdicō iūdicāvī iūdicātum	 urteilen beurteilen
lēx	lēgis *f*	 das Gesetz die Bedingung
certus	certa certum	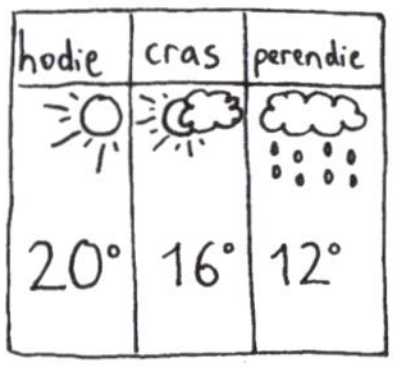 sicher

vērus	vēra vērum	echt richtig wahr
aequus	aequa aequum	gerecht gleich eben
crēdere	crēdō crēdidī crēditum	glauben anvertrauen
causa	causae *f*	der Prozess die Sache die Ursache
causā	*m. Gen.* *nachgestellt*	wegen
ob	*Präp. m. Akk.*	wegen für
propter	*Präp. m. Akk.*	wegen

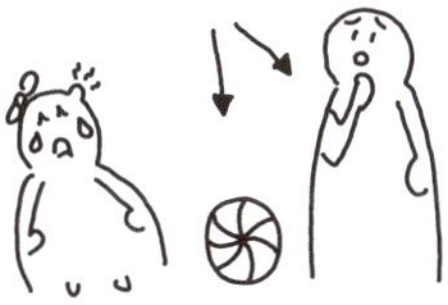

prō	*Präp. m. Abl.*	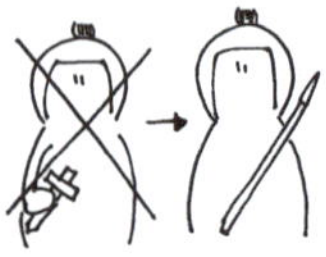 für vor anstelle von entsprechend
contrā	*Präp. m. Akk.*	 gegen
iniūria	iniūriae *f*	 das Unrecht die Beleidigung
scelus	sceleris *n*	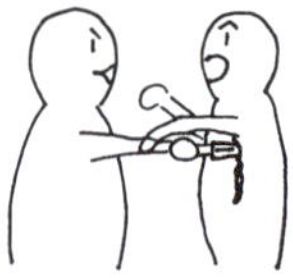 das Verbrechen
facinus	facinoris *n*	 die Handlung die Untat
crīmen	crīminis *n*	 die Beschuldigung der Vorwurf das Verbrechen
ēripere	ēripiō ēripuī ēreptum	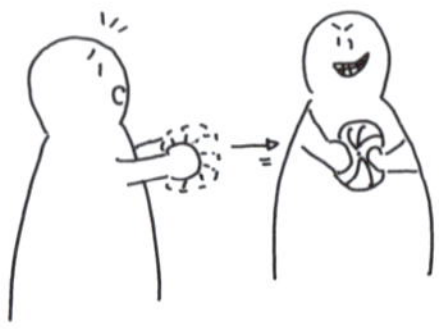 entreißen

premere	premō pressī pressum		drücken unterdrücken bedrängen
poena	poenae *f*		die Strafe
supplicium	suppliciī *n*		die Strafe die Hinrichtung das flehentliche Bitten

11 KRIEG UND KONFLIKT

castra	castrōrum *n Pl.*		das Lager
moenia	moenium *n Pl.*	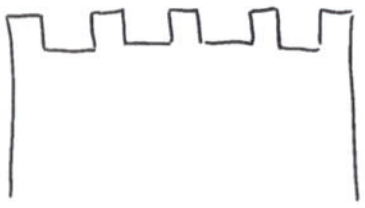	die Mauern die Stadtmauern
mīles	mīlitis *m*		der Soldat
fortis	fortis forte	 1 vs. 3	kräftig tapfer
socius	sociī *m*		der Gefährte der Verbündete
lēgātus	lēgātī *m*		der Gesandte der Bevollmächtigte

ōrdō	ōrdinis *m*	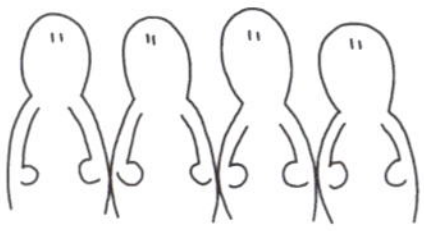 die Ordnung die Reihe der Stand
manus	manūs *f*	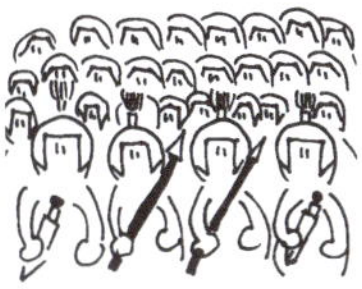 die Schar / die Gruppe (von Bewaffneten) die Hand
cōpiae	cōpiārum *f Pl.*	 die Truppen
auxilium	auxiliī *n*	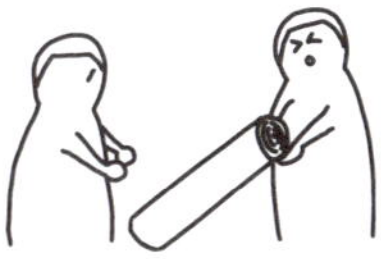 die Hilfe
auxilia	auxiliōrum *n Pl.*	 die Hilfstruppen
praesidium	praesidiī *n*	 der Posten der Wachposten die Schutztruppe
legiō	legiōnis *f*	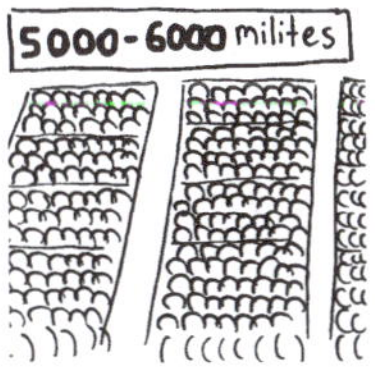 die Legion (ca. 5000-6000 Mann)

exercitus	exercitūs *m*		das Heer
agmen	agminis *n*		der Heereszug der Trupp
aciēs	aciēī *f*	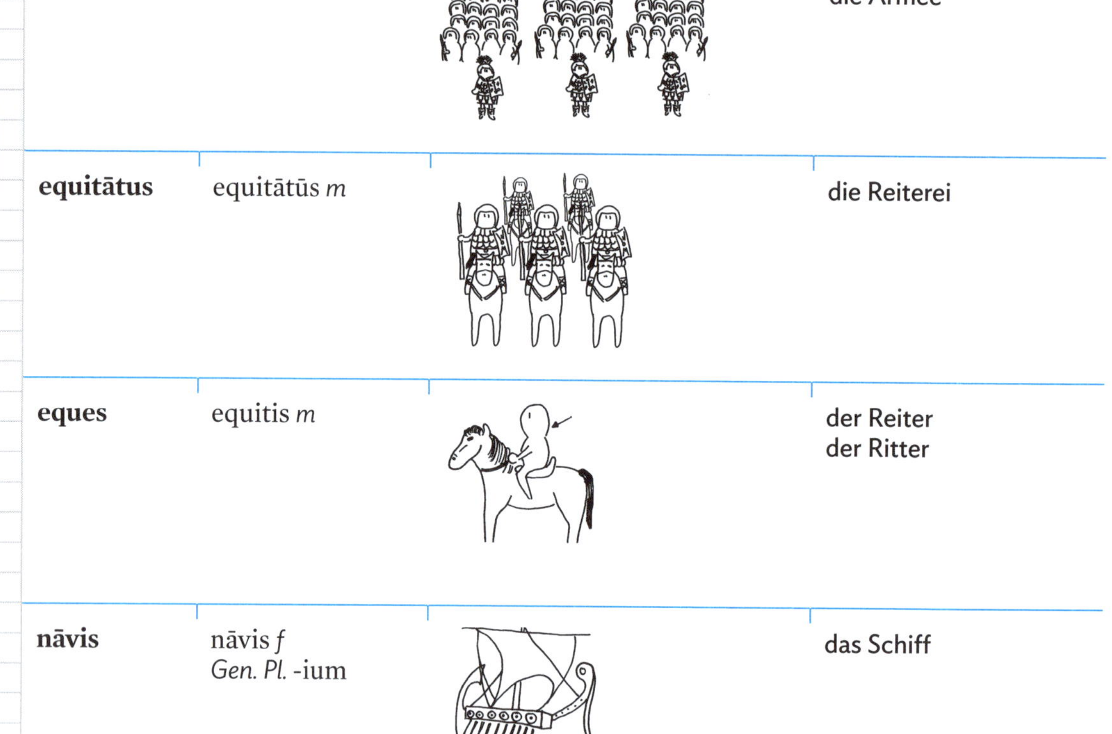	die Schlachtordnung die Armee
equitātus	equitātūs *m*		die Reiterei
eques	equitis *m*		der Reiter der Ritter
nāvis	nāvis *f* *Gen. Pl.* -ium		das Schiff
classis	classis *f* *Gen. Pl.* -ium		die Flotte die Abteilung

dux	ducis *m f*	der Anführer die Anführerin
dūcere	dūcō dūxī ductum	führen
		ziehen
	m. dopp. Akk.	halten für
addūcere	addūcō addūxī adductum	heranführen
		veranlassen
cōgere	cōgō coēgī coāctum	sammeln versammeln
		zwingen
audēre	audeō ausus sum	wagen sich trauen
finis	finis *m* *Gen. Pl.* -ium	das Ende die Grenze
		das Ziel der Zweck
fīnēs	fīnium *m Pl.*	das Gebiet

patria	patriae *f*		die Heimat
hostis	hostis *m* *Gen. Pl.* -ium		der Feind der Landesfeind
aliēnus	aliēna aliēnum		fremd
bellum	bellī *n*		der Krieg
parāre	parō parāvī parātum		bereiten vorbereiten vorhaben erwerben
gerere	gerō gessī gestum		führen ausführen tragen
proelium	proeliī *n*		der Kampf die Schlacht

impetus	impetūs *m*	der Angriff der Schwung
īnsidiae	īnsidiārum *f Pl.*	die Falle das Attentat die Hinterlist
perīculum	perīculī *n*	die Gefahr
obses	obsidis *m f*	die Geisel
trādere	trādō trādidī trāditum	übergeben überliefern
vīs	*f* vim *Akk. Sg.* vī *Abl. Sg.*	die Gewalt die Kraft die Menge
vīrēs	vīrium *f Pl.*	die Streitkräfte

salūs	salūtis *f*		die Gesundheit das Glück die Rettung der Gruß
vulnus	vulneris *n*		die Wunde der (militärische) Verlust
interficere	interficiō interfēcī interfectum		töten vernichten
mors	mortis *f*		der Tod
morī	morior mortuus sum		sterben
perīre	pereō periī peritūrum	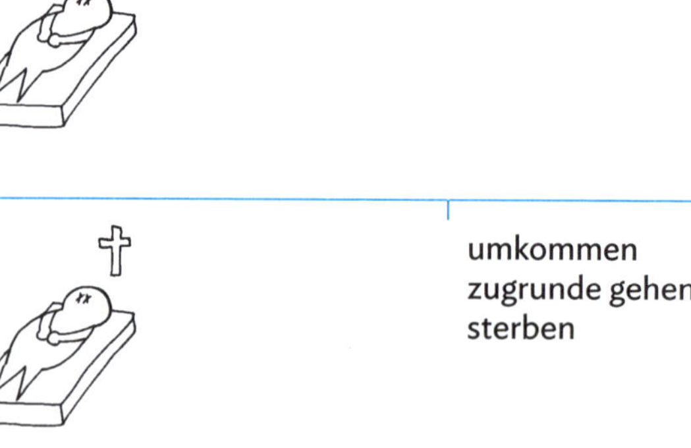	umkommen zugrunde gehen sterben
pūgnāre	pūgnō pūgnāvī pūgnātum		kämpfen

prohibēre	prohibeō prohibuī prohibitum (ā *m. Abl.*)	abhalten (von) hindern (an)
dēfendere	dēfendō dēfendī dēfensum	abwehren verteidigen
fuga	fugae *f*	die Flucht
fugere	fugiō fūgī	fliehen meiden
contendere	contendō contendī contentum	kämpfen eilen sich anstrengen behaupten
cōnsistere	cōnsistō cōnstitī	haltmachen sich aufstellen
relinquere	relinquō relīquī relictum	verlassen zurücklassen unbeachtet lassen

Latein	Formen	Bild	Deutsch
arma	armōrum *n Pl.*		die Waffen das Gerät
ferrum	ferrī *n*		das Eisen die Waffe
tēlum	tēlī *n*	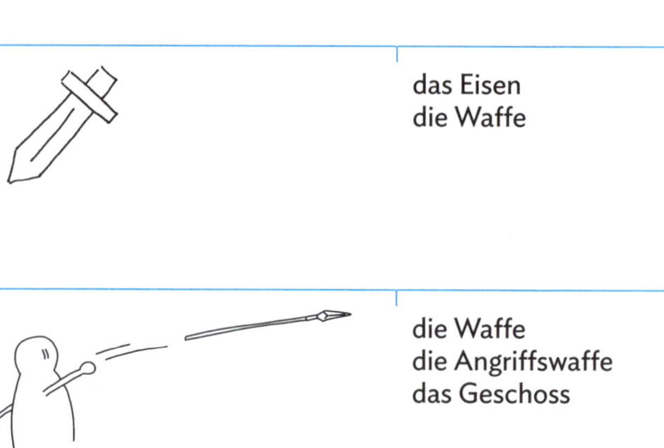	die Waffe die Angriffswaffe das Geschoss
sīgnum	sīgnī *n*		das Zeichen das Merkmal
capere	capiō cēpī captum		nehmen fassen erobern
occupāre	occupō occupāvī occupātum		besetzen einnehmen
superāre	superō superāvī superātum		besiegen übertreffen überragen

vincere	vincō vīcī victum	 siegen besiegen übertreffen
victor	victōris *m*	 der Sieger siegreich *adj.*
victōria	victōriae *f*	 der Sieg
honor / honōs	honōris *m*	 die Ehre das Ehrenamt
glōria	glōriae *f*	 der Ruhm die Ehre
pāx	pācis *f*	 der Frieden
tūtus	tūta tūtum	 sicher

12 WEIT UND BREIT

summus	summa summum		der (die, das) höchste letzte oberste
altus	alta altum		hoch tief
longus	longa longum		lang weit
amplus	ampla amplum	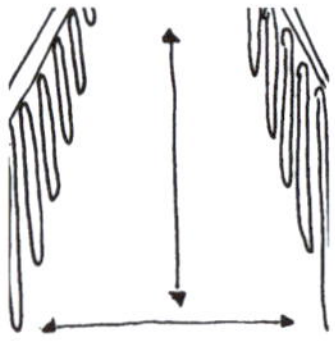	weit groß bedeutend
proximus	proxima proximum		der (die, das) nächste
prīmus	prīma prīmum	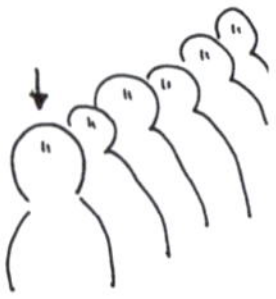	der (die, das) erste

medius	media medium		der (die, das) mittlere in der Mitte von
ultimus	ultima ultimum		der (die, das) äußerste entfernteste letzte
in	*Präp. m. Akk.* *Wohin? (Richtung)*		in (... hinein) nach (... hin) gegen
in	*Präp. m. Abl.* *Wo? (Ort)*		in an auf bei
per	*Präp. m. Akk.*		durch hindurch *(örtlich und zeitlich)*
dē	*Präp. m. Abl.*		von (... her) von (... herab) über
ā / ab	*Präp. m. Abl.*	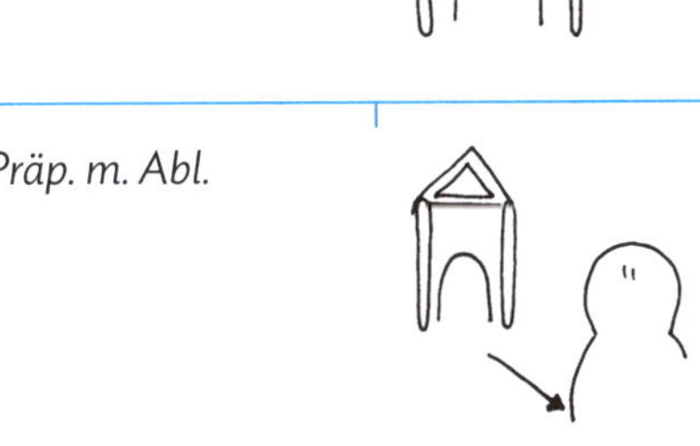	von (... her)

ē / ex	*Präp. m. Abl.*	 aus von (... her)
sub	*Präp. m. Akk.* *Wohin? (Richtung)*	 unter
sub	*Präp. m. Abl.* *Wo? (Ort)*	 unten an unten bei unter
ante	*Präp. m. Akk.*	 vor *(örtlich und zeitlich)*
post	*Präp. m. Akk.*	 hinter nach *(örtlich und zeitlich)*
apud	*Präp. m. Akk.*	 bei nahe bei
ad	*Präp. m. Akk.*	 zu bei nach

procul	*Adv.*		weit weg von fern
prope	*Präp. m. Akk.*		nahe nahe bei
	Adv.		beinahe
praeter	*Präp. m. Akk.*		an .... vorbei außer
inter	*Präp. m. Akk.*	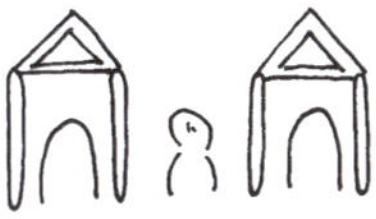	zwischen unter während
hūc	*Adv.*	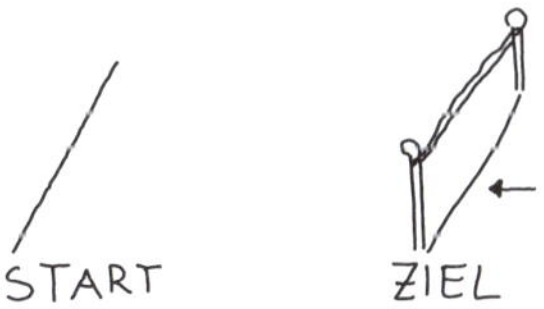 START ZIEL	hierher
hinc	*Adv.*	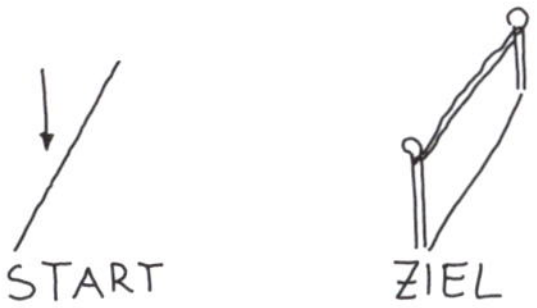 START ZIEL	von hier hierauf
inde	*Adv.*	 START	von dort darauf deshalb

ubī?			wo?
hīc	*Adv.*		hier
ibi	*Adv.*		dort
istīc	*Adv.*		da dort
quō?			wo? wohin?
eō	*Adv.*		dorthin deswegen
unde?			woher?

13 DANN UND WANN

tempus	temporis *n*		die Zeit die günstige Zeit die Umstände
aetās	aetātis *f*		die Zeit das Zeitalter das Lebensalter
diū	*Adv.*	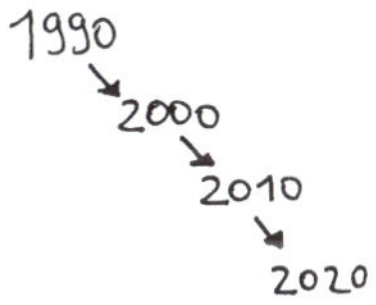 1990 → 2000 → 2010 → 2020	lange lange Zeit
annus	annī *m*	 2017	das Jahr
diēs	diēī *m*	 XVIII KALENDAE FEBRUARIUS	der Tag
diēs	diēī *f*	 XVIII KALENDAE FEBRUARIUS	der Termin

exspectāre	exspectō exspectāvī exspectātum	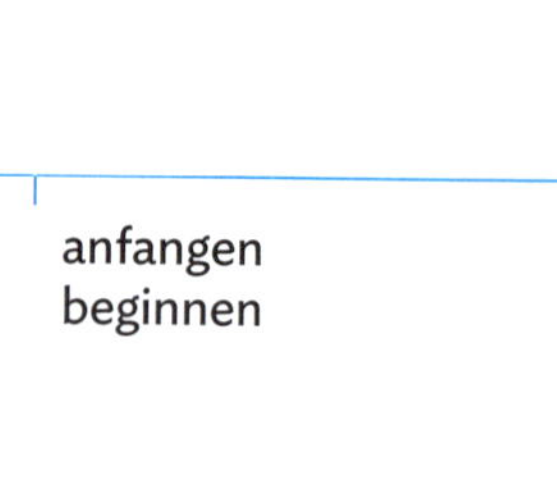	warten erwarten
incipere	incipiō **coepī** inceptum		anfangen beginnen
novus	nova novum	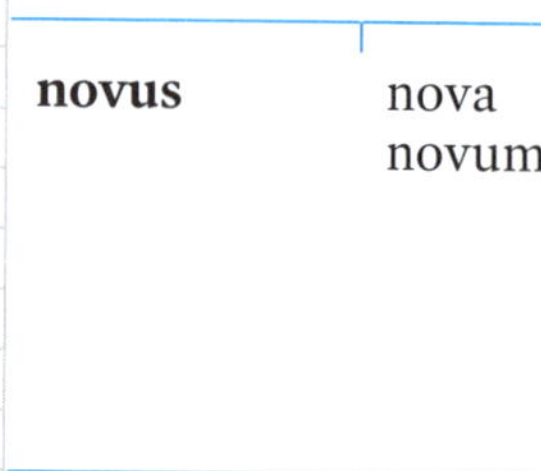 	neu ungewöhnlich
nox	noctis *f* *Gen. Pl.* -ium		die Nacht
sōl	sōlis *m*		die Sonne
per	*Präp. m. Akk.*	  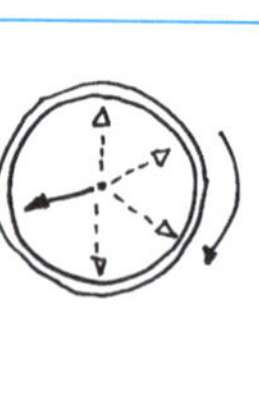	durch hindurch *(zeitlich und örtlich)*
ante	*Präp. m. Akk.* *Adv.*	0 2010	vor vorher

nunc	*Adv.*	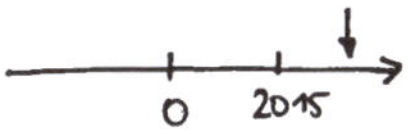 jetzt nun
tandem	*Adv.*	 endlich
post	*Präp. m. Akk.*	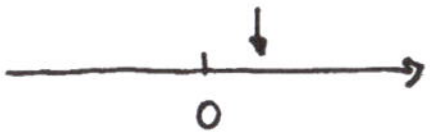 hinter nach
	Adv.	dann später
posteā	*Adv.*	 nachher später
prīmum	*Adv.*	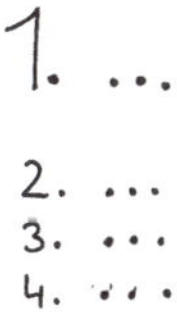 erstens zuerst zum ersten Mal
deinde	*Adv.*	 dann darauf
adhūc	*Adv.*	 bis jetzt noch

rūrsus	*Adv.*	wieder
saepe	*Adv.*	oft
semper	*Adv.*	immer
numquam	*Adv.*	niemals
iam	*Adv.*	schon nun
modō	*Adv.*	nur eben eben noch
simul	*Adv.*	gleichzeitig zugleich
	Subj.	sobald

14 MEHR ODER WENIGER

numerus	numerī *m*		die Zahl die Menge
nūllus	nūlla nūllum nūllīus *Gen.* nūllī *Dat.*		kein(er) keine kein(es)
ūllus	ūlla ūllum ūllīus *Gen.* ūllī *Dat.*		irgendein(er) irgendeine irgendein(es)
ūnus	ūna ūnum ūnīus *Gen.* ūnī *Dat.*		ein(er) eine ein(es) ein einziger
ūnā	*Adv.*		zugleich zusammen
duo	duae duo	II = 2	zwei

trēs	trēs tria	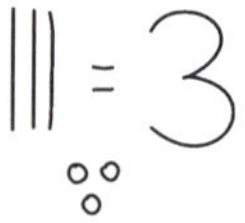 III = 3	drei
tertius	tertia tertium		der (die, das) dritte
mīlle	mīlia *Pl.* mīlium *Gen. Pl.*	M = 1000	tausend
sōlus	sōla sōlum sōlīus *Gen.* sōlī *Dat.*		allein einzig
sōlum	*Adv.*		nur
paucī	paucae pauca	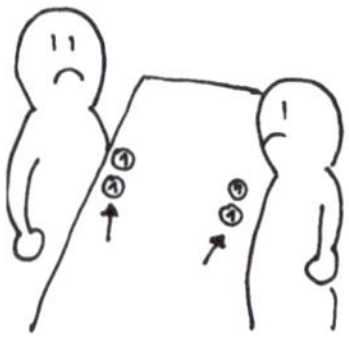	wenige
parum	*Adv.*		(zu) wenig

paulō	*Adv.*	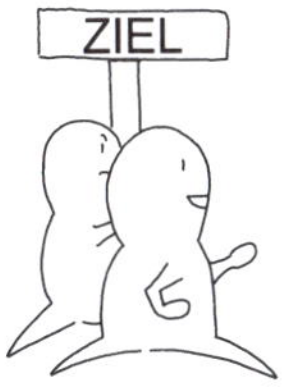 ZIEL	(um) ein wenig
plūrēs	plūrēs plūra plūrium *Gen.*		mehr mehrere
complūrēs	complūrēs complūra complūrium *Gen.*		mehrere
plūrimī	plūrimae plūrima		sehr viele
plūs	plūris *Gen.*		mehr
plērīque	plēraeque plēraque	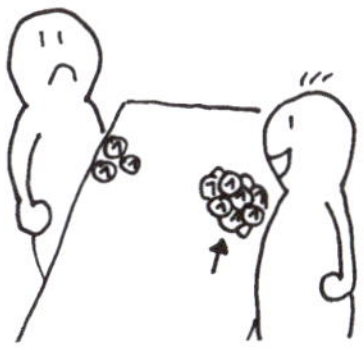	die meisten sehr viele
tot	*indekl.*		so viele

cēterī	cēterae cētera		die übrigen
nihil / nīl	*indekl.*		nichts
reliquus	reliqua reliquum		künftig übrig
multus	multa multum		viel
multitūdō	multitūdinis *f*		die Menge die große Zahl
cōpia	cōpiae *f*	MEHL	die Menge der Vorrat die Möglichkeit
omnis	omnis omne		jeder, jede, jedes ganz *Pl.* alle

tōtus	tōta tōtum tōtīus *Gen.* tōtī *Dat.*		ganz
pars	partis *f* *Gen. Pl.* -ium		der Teil die Seite die Richtung
māgnitūdō	māgnitūdinis *f*		die Größe
māgnus	māgna māgnum		groß bedeutend
māior	māior māius māiōris *Gen.*		größer
ingēns	ingēns ingēns ingentis *Gen.*		gewaltig ungeheuer
quantus	quanta quantum		wie groß wie viel

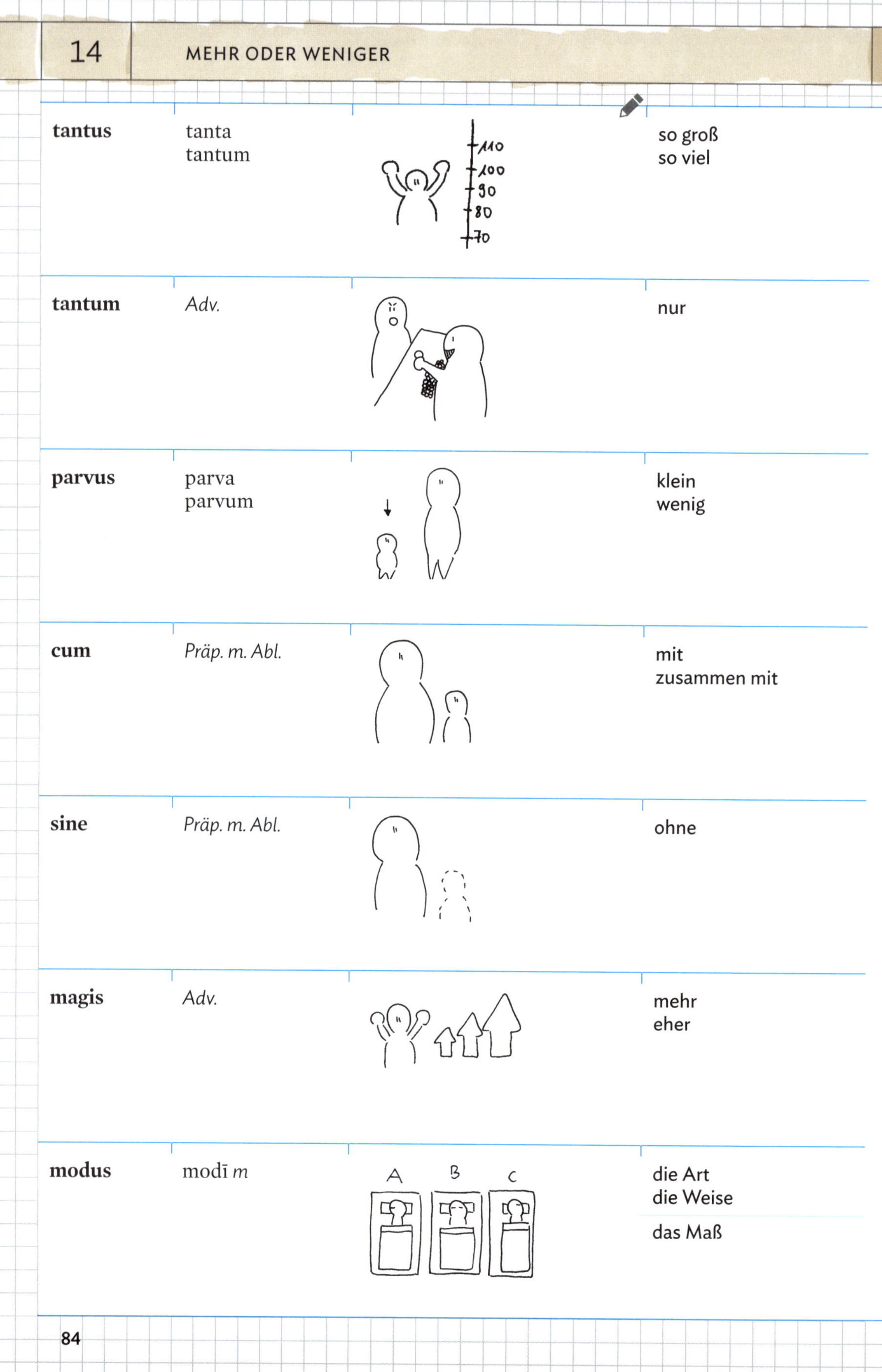

tantus	tanta tantum	so groß so viel
tantum	*Adv.*	nur
parvus	parva parvum	klein wenig
cum	*Präp. m. Abl.*	mit zusammen mit
sine	*Präp. m. Abl.*	ohne
magis	*Adv.*	mehr eher
modus	modī *m*	die Art die Weise das Maß

adeō	*Adv.*	 „Mater, te amo …"	so sehr
potius	*Adv.*	 SPINAT	eher lieber
satis	*Adv.*	 non!	genug
facilis	facilis facile	 1+1? 2	leicht leicht zu tun
gravis	gravis grave	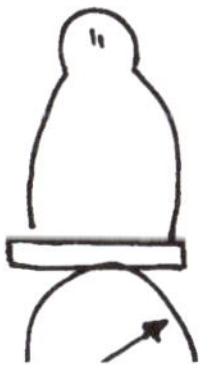	schwer bedeutend angesehen
tālis	tālis tāle		derartig ein solcher so (beschaffen)
tam	*Adv.*	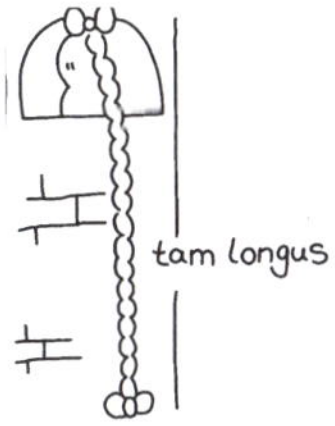 tam longus	so

ita	*Adv.*	~~NÄHMLICH~~ NÄMLICH!	so
sīc	*Adv.*	~~NÄHMLICH~~ NÄMLICH!	so
item	*Adv.*		ebenso gleichfalls
similis	similis simile *m. Gen./Dat.*		ähnlich
quam	*Adv.* *mit Superlativ*		als wie möglichst
quasi	*Adv.* *Subj.*		gleichsam wie wenn als ob

15 KLEINE WÖRTER

Kleine Wörter kommen in jedem Text vor. Sie verdeutlichen meist den inhaltlichen Zusammenhang. Umso wichtiger ist es, dass du ihre Grundbedeutung kennst. Um dir das Einprägen dieser Wörter zu erleichtern, findest du in diesem Kapitel zwei Übersichten:

Übersicht A listet alle Bedeutungen eines „kleinen“ Wortes auf. Außerdem findest du hier ein konkretes Beispiel im Satz. Übersicht B gruppiert die kleinen Wörter nach Sinnrichtungen.

ÜBERSICHT A

atque **ac** **-que**	Ibi sunt Claudia **atque** Mārcus. Dort sind Claudia und Marcus.  	und und auch
et	**Et** Quīntus adest. Quīntus frāter māior est. 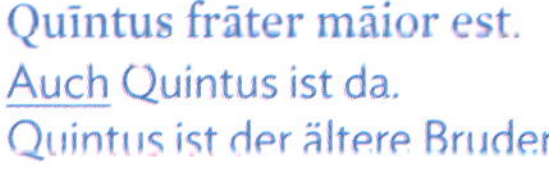 Auch Quintus ist da. Quintus ist der ältere Bruder. 	und auch
et ... et	Ibi **et** Claudiam **et** Mārcum vidētis. Dort seht ihr sowohl Claudia als auch Marcus.  	sowohl ... als auch
quoque *nachgestellt*	Quīntum **quoque** vidētis. Auch Quintus seht ihr.  	auch

etiam	Mārcus frāter Claudiae est. **Etiam** Quīntus frāter Claudiae est. Marcus ist Claudias Bruder. Auch Quintus ist Claudias Bruder.		auch sogar
nōn *Adv.* **haud** *Adv.*	Parentēs **nōn** adsunt. Causam **haud** sciō. Die Eltern sind nicht da. Den Grund kenne ich nicht.		nicht nicht
neque/nec .	Līberī in vīllā sunt. **Nec** hodiē in scholā sunt. Die Kinder sind im Haus. Und sie sind heute nicht in der Schule.		und nicht auch nicht nicht einmal
neque ... neque **nec ... nec**	Hodiē **neque** Mārcus **neque** Claudia labōrat. Heute arbeitet weder Marcus noch Claudia.		weder ... noch
vel	Līberī in vīllā **vel** in hortō sunt. Die Kinder sind im Haus oder im Garten.		oder sogar
vel ... vel	Līberī **vel** legunt **vel** lūdunt. Die Kinder lesen entweder oder sie spielen.	  	entweder ... oder
aut	Līberī lūdunt **aut** discunt. Die Kinder spielen oder lernen.	   	oder

aut … aut	**Aut** lūdunt **aut** discunt. Entweder spielen oder lernen sie.   	entweder … oder
autem *nachgestellt*	Hodiē **autem** līberī in forum īre volunt. Heute aber wollen die Kinder aufs Forum gehen.  	aber andererseits
sed	**Sed** Quīntus domī manēre vidētur. Aber Quintus scheint zu Hause zu bleiben. 	aber sondern
at		aber dagegen jedoch
tamen *Adv.*	**Tamen** gaudet. Dennoch freut er sich. 	doch dennoch
vērō *Adv.*	Līberōs **vērō** sequitur. In Wirklichkeit folgt er den Kindern. 	aber in der Tat wirklich
vērum *Adv.*		aber
dum *Subj. m. Ind.*	**Dum** līberī eunt, Quīntum nōn vident. Während die Kinder gehen, sehen sie Quintus nicht. 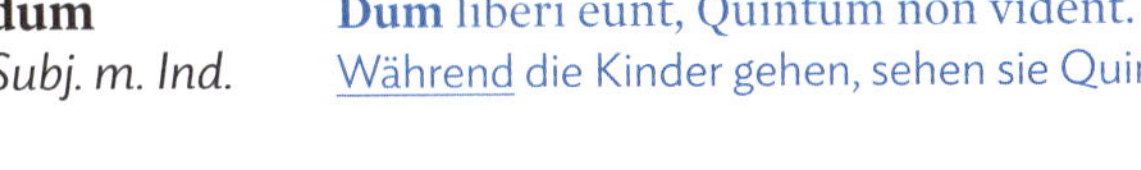 	während solange (so lange) bis
tum *Adv.*	**Tum** līberī in parvā viā sunt. Dann befinden sich die Kinder in einer kleinen Gasse. 	da damals dann darauf

igitur *Adv.*

Celeriter **igitur** īre nōn possunt.
Also können sie nicht schnell gehen.

also
folglich

ergō *Adv.*

Ergō Quīntus manet.
Deshalb wartet Quintus.

also
deshalb

nam *Konj.*

Nam līberī eum vidēre nōn dēbent.
Denn die Kinder sollen ihn nicht sehen.

denn
nämlich

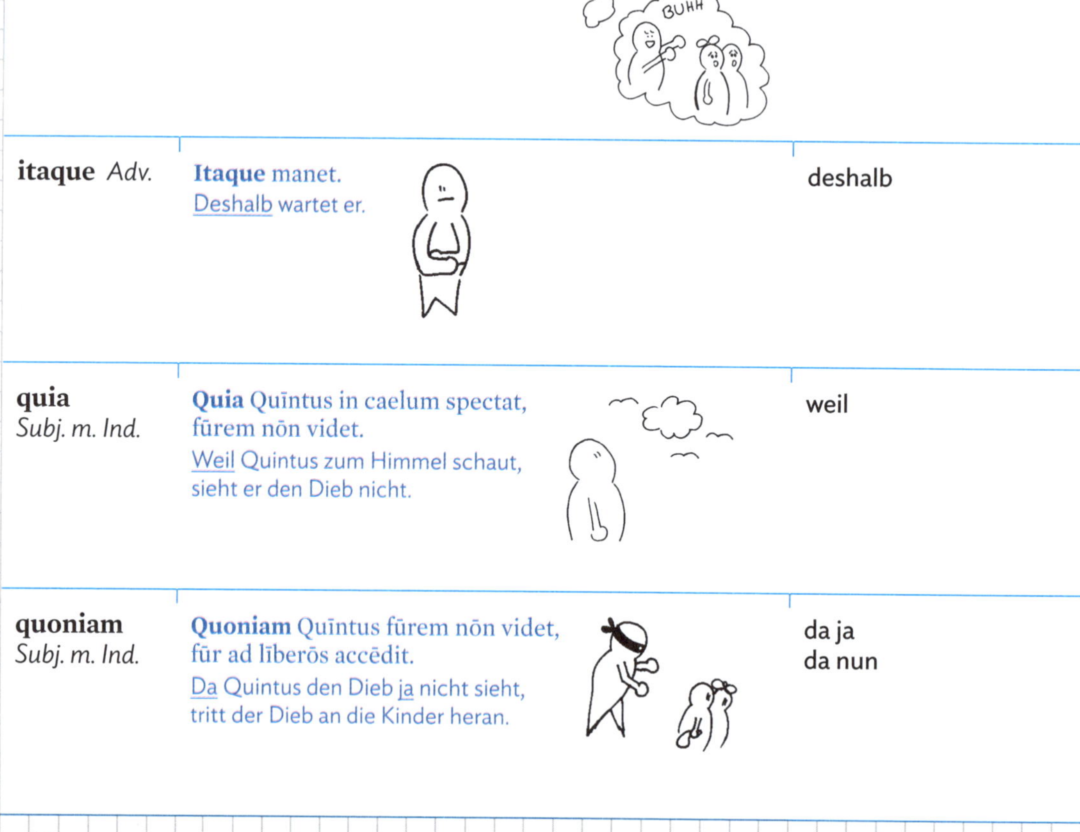

enim *Konj.*

Līberōs **enim** terrēre vult.
Er will die Kinder nämlich erschrecken.

nämlich
in der Tat

itaque *Adv.*

Itaque manet.
Deshalb wartet er.

deshalb

quia *Subj. m. Ind.*

Quia Quīntus in caelum spectat, fūrem nōn videt.
Weil Quintus zum Himmel schaut, sieht er den Dieb nicht.

weil

quoniam *Subj. m. Ind.*

Quoniam Quīntus fūrem nōn videt, fūr ad līberōs accēdit.
Da Quintus den Dieb ja nicht sieht, tritt der Dieb an die Kinder heran.

da ja
da nun

quod *Subj. m. Ind.*	Ita accidit, **quod** fūr līberīs pecūniam ēripit. So passiert es, dass der Dieb den Kindern ihr Geld entreißt.		dass weil
cum *Subj. m. Ind.*	**Cum** līberī clāmant, Quīntus adest. Als die Kinder plötzlich schreien, ist Quintus da.	 	als (plötzlich) (zu der Zeit) als (immer) wenn
cum *Subj. m. Konj.*	**Cum** fūr Quīntum videat, celeriter discēdit. Als (weil) der Dieb Quintus sieht, geht er schnell weg.	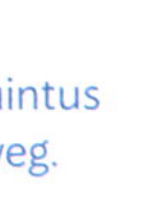 	als nachdem weil während (dagegen)
quamquam *Subj. m. Ind.*	**Quamquam** fūr abest, Claudia et Mārcus timent. Obwohl der Dieb weg ist, haben Claudia und Marcus Angst.		obwohl
sī *Subj.*	Quīntus: „**Sī** pecūniam vōbīscum fertis, cautī esse dēbētis!“ Quintus: „Wenn ihr Geld mit euch herumtragt, müsst ihr vorsichtig sein!“		wenn falls ob
nisī *Subj.*	„**Nisī** cautī estis, fūr accēdit!“ „Wenn ihr nicht vorsichtig seid, kommt ein Dieb heran!“		wenn nicht
ut *Subj. m. Ind.*	„**Ut** fūr pecūniam vidit, eam ēripere vult!“ „Sobald ein Dieb Geld gesehen hat, will er es klauen!“		sobald sooft

ut
Subj. m. Konj.

„Saepe fit, **ut** fūrēs pecūniam ēripiant!“
„Es kommt oft vor, dass Diebe Geld klauen.“

dass
sodass
damit
angenommen dass
wenn auch

---

ut *Adv.*

Līberī: „Quīn domī mānsīstī, **ut** dīxistī?“
Die Kinder: „Warum bist du nicht zu Hause geblieben, wie du gesagt hast?“

wie

---

nē
im Hauptsatz

Quīntus: „**Nē** timueritis!“
Quintus: „Fürchtet euch nicht!“

nicht
verneinter Befehl oder Wunsch

---

nē
Subj. m. Konj.

„Timuī, **nē** in perīculō essētis.“
„Ich fürchtete, dass ihr in Gefahr seid.“

dass
nach Ausdrücken des Fürchtens und Hinderns

---

nē
Subj. m. Konj.

„Ad vōs contendī,
nē fūr pecūniam ēriperet.“
„Ich bin zu euch geeilt,
damit der Dieb nicht das Geld klaut.“

dass nicht
damit nicht

---

nē ... quidem

„Fūr **nē** tangere **quidem** vōs dēbet!“
„Der Dieb darf euch nicht einmal berühren!“

nicht einmal

---

quīn?
im Hauptsatz

„**Quīn** exspectāvī?“
„Warum habe ich nicht gewartet?“

warum nicht?

quīn *Subj. m. Konj.*	„Nōn dubitāvī, **quīn** fūr pecūniam ēriperet." „Ich habe nicht daran gezweifelt, dass der Dieb das Geld klaut."		dass nicht dass *in festen Wendungen*
quidem *Adv.*	„Nunc **quidem** in tūtō estis." „Nun seid ihr wenigstens in Sicherheit."		gewiss wenigstens zwar freilich
praetereā *Adv.*	„**Praetereā** fūr nunc abest." „Außerdem ist der Dieb nun weg."		außerdem
tam ... quam	Claudia nunc **tam** laetus est **quam** Mārcus. Claudia ist nun so fröhlich wie Marcus.		so ... wie
ubī *Subj. m.* *Ind. Perf.*	**Ubī** līberī domum advēnērunt, parentēs aderant. Sobald die Kinder zu Hause angekommen waren, waren die Eltern da.	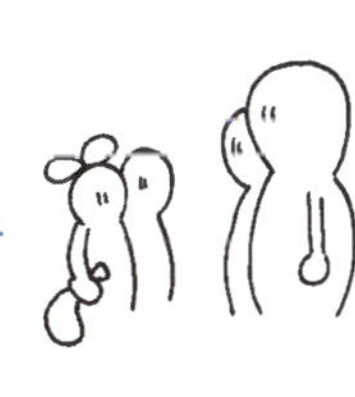	sobald
postquam *Subj. m.* *Ind. Perf.*	**Postquam** līberī parentēs salūtāvērunt, omnia narravērunt. Nachdem die Kinder die Eltern begrüßt hatten, erzählten sie ihnen alles.		nachdem als
-ne	Māter: „Hīc**ne** nunc manētis?" Die Mutter fragt: „Bleibt ihr nun hier?"		*zeigt die Frage an und wird nicht übersetzt* ob *im indirekten Fragesatz*

num	„**Num** in forum redīre vultis?" „Wollt ihr etwa wieder aufs Forum laufen?"	etwa? *im direkten Fragesatz* ob *im indirekten Fragesatz*
an	„**An** mēcum in hortō labōrāre vultis?" „Oder wollt ihr mit mir im Garten arbeiten?"	oder (etwa)? *im direkten Fragesatz* ob (nicht) *im indirekten Fragesatz*

ÜBERSICHT B

additiv

(aneinander reihend)

et	und
et ... et	sowohl ... als auch
atque / ac	und, und auch
-que	und
nec / neque	und nicht, auch nicht, nicht einmal
nec ... nec	weder ... noch
neque ... neque	weder ... noch
vel	oder
vel ... vel	entweder ... oder
aut	oder
aut ... aut	entweder ... oder

adversativ

(gegensätzlich)

sed	aber, sondern
autem	aber, andererseits
tamen	doch, dennoch
at	aber, dagegen, jedoch
vērum	aber, sondern
vērō	aber

kausal

(begründend)

cum	weil, da
quia	weil, da
quod	weil, da
quoniam	da ja, da nun
itaque	deshalb
enim	denn, nämlich
nam	denn, nämlich

temporal (zeitlich) 	**cum**	als, nachdem, wenn
	postquam	nachdem
	dum	während, solange, (so lange) bis
	ut	sobald, sooft
konzessiv (ein Zugeständnis machend) 	**cum**	obwohl
	quamquam	obwohl
final (auf ein Ziel / einen Zweck ausgerichtet) START ZIEL	**ut**	dass, damit
	nē	damit nicht
konsekutiv (eine Schlussfolgerung machend) 2 · 5 = 10 ⇒ 10 : 5 = 2	**ut**	dass, so dass
	igitur	also, folglich
	ergō	also, deshalb
konditional (eine Bedingung stellend)  1. Hausaufgaben 2. Fußball	**sī**	wenn, falls; ob
	nisī	wenn nicht

Register

A

B

C

D

E

N

O

P

Q

R

S

T

U

V